Die letzte Reise des Propheten

Jonas Bühler

Die letzte Reise des Propheten

Was Khalil Gibran
zu erzählen vergaß

Benziger Verlag

Die Deutsche Bibliothek — CIP-Einheitsaufnahme

Bühler, Jonas: Die letzte Reise des Propheten:
was Khalil Gibran zu erzählen vergaß / Jonas Bühler.
Düsseldorf; Zürich: Benziger, 2000
ISBN 3-545-20176-7

Umschlag: GrafikDesign Reckels & Schneider-Reckels,
Wiesbaden
Druck: Clausen & Bosse, Leck
ISBN 3-545-20176-7

1

Almustafa, der Erwählte und Geliebte, der seiner Zeit eine Abendröte war, hatte die Stadt Orphalese und ihre Menschen mit Wehmut im Herzen verlassen und das Schiff bestiegen, das ihn zur Insel seiner Geburt zurückbringen sollte.

Und wieder war es am siebten Tag des Jelul, des Monats der Ernte, als seine Seeleute die Ankertaue lösten und mit den ersten milden Strahlen der Morgensonne in See stachen. Der Wind griff in die Segel und trieb das Schiff des Propheten nach Osten, dorthin wo die Insel seiner Geburt lag, die auch die Insel seines Todes sein sollte.

Denn wie die Jahreszeiten sich den Perlen auf einer Schnur gleich aneinanderreihten, so hatte auch er die Jahreszeiten seines Lebens durchschritten und die letzten Tage des Winters erreicht, wo sich die Natur danach sehnt, ihren Körper zurück in die Erde zu legen und ihre Seele dem Schöpfer zurückzugeben, bis daraus ein neuer Frühling entsteht. Und wo könnte sich der Kreislauf des Lebens besser schließen als an der Stätte der Geburt? Dort wo Vater und Mutter in geweihter Erde ruhten?

Nebel begleitete sie über die glatte Fläche des Meeres. Ungeachtet der Last des Schnees auf den Schultern seiner Jahre stand Almustafa einer jungen Pappel gleich im Bug des Schiffes und blickte unverwandt nach Osten, während Wehmut in seinem Herzen und Verlangen in seiner Seele lagen.

»Meister, du solltest dich schonen,« sagte sein Jünger, der zu seinen Füßen kniete. »Du solltest dein

Lager aufsuchen und dich ausruhen. Ich werde dich rufen, sobald wir die Insel deiner Geburt zu Gesicht bekommen.«

Der Meister lächelte und legte seine Hand auf das Haupt des Jünglings, den ihm die Seherin Almitra als Begleiter für seine letzte Reise ausgewählt hatte. »Wie kann ich an Ruhe denken, wenn das Leben wie Sand zwischen meinen Fingern zerrinnt und im Nebel schon die Brücke des Todes zu sehen ist?« fragte er leise. »Wie ein ausgetrockneter Schwamm sich mit Wasser vollsaugt, so sehnt sich meine Seele nach den letzten Bildern dieser Welt, bevor sie ins unermessliche Meer des Vergessens taucht.«

2

Am siebten Tag ihrer Reise, als die ersten milden Strahlen der Morgensonne den Nebel zerteilten, erblickte Almustafa die Insel seiner Geburt, und Freude und Dankbarkeit schwangen in seinem Herzen.

Während die Seeleute das Schiff mit sicherer Hand in den Hafen lenkten, ruhte sein Auge auf den weiß getünchten Häusern seiner Heimatstadt und dem kräftigen Grün der angrenzenden Hügel. Er verglich die Bilder vor ihm mit den Bildern seiner Vergangenheit und ein Gefühl der Heimkehr drang in sein Herz.

Er sah hinauf zu den Klippen, wo die weiße steinerne Gestalt des Nazareners ihre Hände schützend und segnend über die Stadt und ihre Menschen ausgebreitet hielt, und auch er hob segnend seine Hände, während Tränen der Rührung in seine Augen traten.

Er senkte den Blick wieder hinab auf die Stadt und betrachtete prüfend die Bauwerke der geistlichen und weltlichen Macht. Sein Auge wanderte suchend vom Gotteshaus der Christen über die Moschee der Araber und die Synagoge der Juden hinauf zum Palast des Emirs, und er fühlte, dass sich in den langen Jahren seiner Abwesenheit nichts verändert hatte. Und Traurigkeit erfüllte sein Herz.

»Meister, wir sollten gehen, die Menschen warten.« hörte er seinen jungen Begleiter mahnen. Er löste sich aus dem Nebel seiner Gedanken und Erinnerungen und blickte hinunter auf die Schar der Menschen, die sich zu seinem Empfang im Hafen versammelt hatten. Und ihrer wurden immer mehr. Aus allen Teilen der Stadt und den umliegenden Hügeln strömten die Menschen zum Hafen, um ihren zurückkehrenden Propheten zu begrüßen. Es waren vor allem die einfachen und weniger gebildeten Leute, die ihre Arbeit beiseite legten und der Stimme ihrer Herzen und Gefühle folgten, als sich die Kunde von seiner Heimkehr wie ein Lauffeuer im Lande verbreitete. Und so strömten Arbeiter, Bauern und Angestellte die in den Kontoren Schreibarbeit verrichteten zusammen mit ihren Frauen und Kindern zum Hafen, während die Kaufleute und höheren Beamten missmutig bei ihren Waren und in ihren Ministerien ausharrten, die Priester ihre Fäuste ballten und der Emir seine Truppen in Alarmbereitschaft versetzte. An diesem Tag war an geregelte Arbeit nicht mehr zu denken. Die Verantwortlichen des Staates und des Klerus hofften, dass die Disziplinlosigkeit der Massen nicht in ungezügelten Aufruhr ausartete. Sich selbst auf den Weg zu begeben, um ihren Propheten auf heimatlichem Boden willkommen zu heißen, erachteten sie als ihrer nicht würdig. Und so warteten sie erst einmal ab.

Almustafa verabschiedete sich von seinen Seeleuten und verließ das Schiff, auf den Arm seines Jüngers gestützt. An Land erwartete ihn Osama, in deren Augen er seine und Karimas Jugend wiederfand. Aus ihren Händen nahm er Brot und Wein entgegen und schritt dann durch die Menschenmenge hindurch auf die Hügel zu, um im Hause seiner Eltern einzukehren. Denn auch er war nur ein Wanderer auf dieser Welt. Und nichts war sein. Getragen von der Freude der Menschen, die ihn auf seinem Weg begleiteten, gelangte er zur Stätte seiner Geburt. Am Eingang zum Garten begrüßte ihn Karima, mit der er in seiner Jugend eben hier zwischen den Feigenbäumen und Rebstöcken gespielt hatte, und ihre Freude war auch seine Freude. An ihrer Hand schritt er zum Grabe seiner Eltern, kniete nieder, griff nach der weichen Erde, erhob sich und spürte, wie die Tore seines Herzens sich weiteten, während Tränen die Erde in seiner Hand benetzten. Nachdem die Schreie seines Herzens verklungen waren, verlangte es ihn nach Ruhe. Und die Menschen, die ihn begleitet hatten, warteten, während die Sonne den Zenit durchlief.

3

Am siebten Tage seiner Heimkehr, als die Sonne sich dem Meer zuneigte, fühlte Almustafa, wie die Kräfte seines Körpers schwanden und er wusste, dass seine Wanderschaft ihr Ende finden wird. Er ruhte auf der Veranda des Hauses, das ihn schon als Kind gesehen hatte und ihn nun als Greis erlebte, und er blickte über den Garten hinaus aufs Meer, dorthin, wo Luft und Wasser sich zu berühren schienen. Er atmete den Geruch der Pinien und lauschte dem Ge-

sang der Zikaden. Und ein tiefer Friede erfüllte seine Seele.
Immer noch strömten Menschen in den Garten, um sein Auge zu sehen und seine Stimme zu hören. Denn allzu lange war er fern von ihnen gewesen. Wie Blumen sich nach dem Tau des Morgens sehnen, so sehnten sich die Menschen nach seiner Liebe.
Sein Jünger trat auf ihn zu und sagte: »Meister, im Garten wartet eine junge Frau mit ihren drei Kindern, denen Gatte und Vater gestorben ist. Sie möchten zu dir, um von dir Trost zu empfangen.«
»Sind wir nicht alle Mütter und Kinder, denen Gatte und Vater gestorben ist?« fragte Almustafa verständnisvoll und bat, die Trauernden zu ihm zu bringen. Während sich Karima und Osama um die Kinder kümmerten, die mit stummer Scheu ihrer Mutter gefolgt waren, hieß Almustafa die Witwe zu seiner Rechten Platz nehmen. Kaffee und Gebäck ließ sie unberührt.
»Deine Seele liegt vor mir ausgebreitet wie ein Buch,« sagte er, »und deine Augen spiegeln ein gebrochenes Herz. Du trauerst um einen Mann, der eines schnellen, unerwarteten Todes gestorben ist«.
Die junge Frau nickte, während Tränen ihren Blick

trübten. »Herr, der du Allah so nahe stehst, kannst du mir sagen, warum Gott es will, dass meine Kinder ihren Vater und ich meinen Gatten verlieren mussten? Kannst du mir erklären, warum mein Mann in der Blüte seines Lebens den Tod fand? Sollen Trauer, Verzweiflung und Hoffnungslosigkeit für den Rest meines Lebens meine Begleiter sein?«

»Du bist eine Muslimin, und du fragst? Du fragst mich, der, wie du weißt, keiner der drei Religionen angehört? Warum fragst du nicht deinen Priester?«

»Herr, verzeih, aber ich zweifle an den Worten der Priester. Ich zweifle daran, dass meinem Gatten dieser schreckliche Tod vorausbestimmt war. Bitte sag mir nicht, dass ich den Worten der Priester Glauben schenken muss. Doch wenn du mir dasselbe sagst wie sie, dann werde ich schweigen und mich in mein Schicksal fügen, auch wenn ich dies alles nicht verstehen kann.«

»Meine Tochter, du sprichst von Vorausbestimmung. Mein ganzes Leben lang habe ich mich bemüht, nach der Wahrheit zu suchen, und wenn ich die Vorausbestimmung als Teil dieser Wahrheit erkannt hätte, würde ich mich dem Urteil der Priester anschließen und dir dasselbe erzählen. Doch dem ist nicht so. Nur der Tod ist uns vorausbestimmt, nicht jedoch die Art und sein Zeitpunkt. Wenn du den Tod deines Gatten betrachtest, dann wirst du einen Grund finden, und hinter diesem Grund wieder einen Grund und du wirst nie an den Ursprung dieser Kette gelangen, die sich ohnehin im Nebel verliert. Unser ganzes Leben ist ein einziges Gewirr von Ursachen und Wirkungen und jeder Knotenpunkt in diesem Knäuel ist wieder der Beginn einer weiteren unüberblickbaren Verkettung von Ereignissen. Und höre, meine Tochter: Kein noch so allwissender und allmächtiger Gott kann dieses Netz von Ursachen und Wirkungen überblicken, noch weniger steuern. Die Predigt vom allwissenden und allmächtigen Gott haben die Priester erfunden, um die Menschen zu knechten und sie in Abhängigkeit zu halten. Du erschrickst über meine Kühnheit und Offenheit? Ich bin alt und werde bald sterben. Weder die Priester noch die Soldaten des Emirs können mir noch etwas anhaben. Fürchte dich nicht. Weder mir noch dir, der du meine Worte vernimmst, wird ein Leid daraus entstehen. Du hast mich gefragt, wie Gott es zulassen kann, dass deine Kinder den Vater und du den Gatten verloren hast. In der Blüte eures jungen Lebens. Mach nicht Gott dafür verantwortlich. Gott hat es nicht gewollt. Noch hat er es veranlasst. Wollen und veranlassen können nur wir Menschen. Und so sind wir in mancher Hinsicht wissender und mächtiger als Gott. Gleichwohl sind wir auch unwissender und schwächer. Du lächelst und zweifelst über diesen Widerspruch in meiner Rede? Suche nach Gott, versuche ihn zu begreifen und du wirst den Widerspruch, wie er dir jetzt scheint, verstehen. Du hast mich gefragt, ob du bis ans Ende deiner Tage Trauer, Verzweiflung und Hoffnungslosigkeit erdulden musst. Deine Trauer und deine Tränen werden dir helfen, den Verlust zu lindern. Wärst du nicht traurig und wären keine Tränen in deinen Augen, dann hättest du deinen Gatten nicht geliebt, und dein Gatte hätte dich nie verdient. Doch Gott ist mit den Liebenden und er schenkt auch ihnen die Gabe des Vergessens. Meine Tochter, du wirst fern von dir weisen, was ich dir jetzt sage. Doch denke darüber nach. Lass meine Worte wie ein Samenkorn in deinem Herzen reifen. Du wirst noch ein Jahr lang um deinen Gatten trauern. Vielleicht auch zwei Jahre. Oder drei. Folge der Trauer deines Herzens, nicht dem Zwang deiner Mitmenschen. Und vergiss die Trauer, wenn dein Herz ihr keine Nahrung mehr gibt. In dieser Zeit wird die Erinnerung an deinen Gatten langsam verblassen, wie die Strahlen dieser Abendsonne, und du wirst vielleicht einen anderen Mann kennenlernen, der deine Liebe begehrt und entfacht. Und wenn dich diese Liebe ruft, dann folge ihr und kümmere dich nicht um das Geschwätz der Menschen. Denn die Liebe wird dir neues Leben geben. Und diese Liebe ist Gott.«

Almustafa hielt in seiner Rede inne und blickte lächelnd auf die schlafenden Kinder. »Und nun, meine Tochter, ist es Zeit, uns zu verabschieden. Nimm deine Kinder mit dir nach Hause und sei voller Hoffnung, wie ich es bin, der bereits an der Schwelle des Todes steht.«

4

Nachdem die Witwe mit ihren Kindern den Garten verlassen hatte, näherte sich eine Gruppe älterer, ergrauter Männer der Veranda. Auf einen Wink Almustafas hin nahmen sie auf den Kissen Platz. Osama und ihre Freundinnen reichten Kaffee und Schalen mit Früchten und Gebäck. Der Himmel war nun ein zartes Rot, wie die Farbe in dünne Scheiben geschnittener Wassermelonen.

»Almustafa, Erwählter und Geliebter Gottes, der du einer von uns bist, und von uns dennoch weiter entfernt bist als eines der Gestirne im All, wir sind die Ältesten dieser Stadt und sind zu dir gekommen, um deinen Rat zu vernehmen. Auf unsern Schultern lastet die in vielen Jahren gereifte Weisheit, die auch deine Schultern bedeckt. Doch wir tragen die Verantwortung für die Menschen dieser Stadt, während du diese Verantwortung stets von dir gewiesen hast. Wir gehören alle einer der drei Religionen dieses Landes an und haben deine seltsamen Worte über Gott vernommen und sind beunruhigt, denn noch immer folgen im geheimen die meisten Menschen dieses Landes deiner Lehre. Wie du, sind auch wir nicht mit allem einverstanden, was die Priester ihren Gläubigen vorlegen, doch lassen wir sie gewähren, um das trügerische Gleichgewicht zwischen den drei Religionen zu wahren. Die Menschen brauchen Führung, und wir, die Verantwortlichen für das Gemeinwohl, geben sie ihnen. Wir bitten dich daher, den Menschen dieser Stadt nicht weiter deine Sicht von Gott zu predigen und sie weiterhin verrichten zu lassen, was ihnen ihre Religion auferlegt zu tun.«

»Ihr kommt zu mir, um meinen Rat zu vernehmen,

und wollt mir Vorschriften machen?« tadelte Almustafa. »Lasst die Menschen selbst entscheiden, welche Religion oder Lehre sie sich zu eigen machen wollen. Doch was tut ihr? Ihr legt ihre Herzen in Ketten und betört sie mit Zeremonien. Ihr sprecht von Verantwortung, doch die einzige Verantwortung, zu der ihr fähig seid, ist euer eigenes Wohl. Ihr überlasst die Menschen in Unwissenheit und Armut, beugt euer Haupt heuchlerisch vor den Priestern und ihren Göttern, während ihr unablässig danach trachtet, weitere Reichtümer anzuhäufen. Ja, ich predige den Menschen von Gott. Und ich werde nicht aufhören, ihnen die göttliche Botschaft zu übermitteln. Ich predige ihnen nicht etwas, das sie nicht schon längst kennen. Nein, es ist nur zugeschüttet. Zugeschüttet von Menschen wie euch. Ich entferne lediglich diese Trümmer von ihren Herzen, damit sie sich den Adlern gleich in die Luft erheben können, um in Freiheit Gott zu preisen. Ihr aber, auf deren Schultern nicht Reife und Weisheit, sondern Verkrustungen des Alters lasten, die ihr nicht zulassen mögt, dass eure Herzen mit dem klaren Wasser eines Bergbachs geläutert werden, ihr wollt keine Adlerschwingen am Himmel sehen, sondern Mäuse und Ratten, die im Dunkel der Erde ihr Dasein fristen. Aber ihr werdet eine Zeit erleben, und diese Zeit ist nicht mehr fern, da werden alle Mäuse und Ratten dieser Erde sich in Adler verwandeln, die ihre Schwingen entfalten und sich in die Freiheit der Lüfte erheben. Und nun bitte ich euch, mich zu verlassen, denn ich zweifle, dass es mir in der kurzen Zeit, die mir noch vergönnt ist, gelingt, die Verstocktheit eurer Herzen zu lösen.«

5

Kaum hatten die Ältesten der Stadt beschämt den Propheten verlassen, als auch schon die drei Oberhäupter der christlichen, mohammedanischen und jüdischen Glaubensgemeinschaften auf die Veranda drängten und, ihrer Macht bewusst, unaufgefordert Platz nahmen, wobei sie allerdings streng darauf achteten, möglichst viel Raum zwischen sich und dem Propheten und auch untereinander zu wahren.

»Almustafa, Erwählter und Geliebter Gottes, wir sind zu dir gekommen, getragen von derselben Sorge um das Wohl unserer Gläubigen, wie es dir eben die Ältesten dieser Stadt mitgeteilt haben. Auch wir bitten dich, das friedliche Nebeneinander unserer drei Glaubensgemeinschaften nicht zu stören. Sprich über alles, was dir beliebt, doch nicht über Gott. Wir haben mehr Erfahrung in diesen Dingen und wissen, was die Menschen brauchen, um das Los ihres Lebens zu erdulden. Es steht alles niedergeschrieben in den heiligen Büchern unserer Religionen und jedes Wort atmet den Geist Gottes. Nur die strenge Befolgung dieser göttlichen Worte kann zum Heile führen.«

»Ihr Heuchler!« entgegnete Almustafa. »Was seid ihr anderes als Wölfe im Schafspelz! Auch ihr legt die Herzen der Menschen doch nur in Ketten und betört sie mit euren Zeremonien, während ihr auf die Abgaben der Menschen lauert und deren Opferbereitschaft argwöhnisch überwacht. In euren Gotteshäusern kriechen Mäuse und Ratten auf dem Boden herum und kein Adler kann darin seine Schwingen entfalten und in die Freiheit entfliegen. Seht euch doch an! Ihr redet von friedlichem Nebeneinander eurer drei Religionen, dabei setzt ihr euch möglichst weit voneinander und beäugt einander voller Argwohn. Ich sage euch, ihr könnt euch hinsetzen, wie ihr wollt, ihr seid euch dennoch immer so nahe, dass kein Haar zwischen euch Platz hat. Ihr beruft euch auf die heiligen Bücher eurer Religionen. Was steht darin schon geschrieben? Worte von Menschen für Menschen! Und ihr erkühnt euch, den Menschen vorzuhalten, dass Gottes Atem darin weht. Ihr selbst aber sucht zu diesem Geist gar keine Beziehung aufzunehmen. Warum hört ihr nicht auf, einander zu befehden? Werft das Trennende zwischen euch weg und festigt das Verbindende. Und ihr werdet sehen, dass Gott keine Kathedralen, Moscheen und Synagogen braucht, keine Priester und heiligen Bücher. Sein Atem weht überall, und jedes Herz ist größer und prachtvoller als eure von Hand geschaffenen Gotteshäuser. Reißt sie nieder und helft mit, die Trümmer von den Herzen der Menschen zu entfernen, um aus jedem Herzen einen Tempel Gottes zu machen. Zieht eure prachtvollen Gewänder aus, und mischt euch unter das Volk, denn niemand wird eurer mehr bedürfen.«

Die drei Vorsteher der Glaubensgemeinschaften warfen sich empörte und vielsagende Blicke zu und verließen die Veranda und den Garten, um im Palast des Emirs Hilfe zu suchen. Denn der Prophet, daran hatten sie keinen Zweifel mehr, war von Irrsinn befallen.

6

Inzwischen war die Sonne im Meer versunken und hatte den Gestirnen der Nacht Platz gemacht. Der Gesang der Zikaden war verklungen. Die Luft atmete die Wärme des Tages. Überall im Garten und auf der Veranda wurden Lichter angezündet und die Menschen aßen und tranken von der Tafel des Propheten. Und der Geist des Nazareners war bei diesem Abendmahl unter ihnen.

Auf den Arm seines jungen Begleiters gestützt, wanderte Almustafa zwischen den Gruppen von Menschen umher, reichte mit leicht zitternder Hand Brot und Wein, tröstete weinende Kinder und erfreute sich an den Gesprächen der Erwachsenen und den Scherzen der Alten.
In einer dunklen Ecke des Gartens trat ein Mann auf ihn zu und warf sich ihm zu Füßen.
»Wer bist du, mein Sohn?« fragte Almustafa.
»Meister, verzeih, aber ich bin der Mörder jenes Mannes, dessen Frau und Kinder heute Abend bei dir gewesen sind. Ich bin zu dir gekommen, um Gott durch dich um Verzeihung zu bitten.«
»Du musst nicht Gott um Verzeihung bitten, sondern die Witwe und ihre Kinder. Gott hat dir längst verziehen, wie ich es jetzt tue. Doch kannst du dir selbst verzeihen? Wenn du deine Tat aus ganzem Herzen bereust, dann gehe hin und sei der Witwe und den Kindern ein Ernährer und Vater, ohne es sie wissen zu lassen. Denn mit seinem Tod hast du auch die Pflichten des Ermordeten zu den deinen gemacht. Nun verlasse diesen Garten, denn die Gesetze der Menschen sind grausam und die Truppen des Emirs sind unterwegs hierher.«
Der Mann erhob sich von den Knien und entfernte

sich durchs Dunkel, während Almustafa am Arm seines Jüngers zurück in den Lichtkreis trat.
»Meister, es liegt mir fern, dich zu tadeln, aber ich verstehe nicht, weshalb du diesen Mörder gehen ließest und ihn nicht dem strafenden Arm des Emirs übergabst. Er hat selber zugegeben, den Gatten dieser unglücklichen Frau getötet zu haben.«
»Gott hat ihm verziehen, wie Gott allen Sündern und Mördern verzeiht. Wenn sogar Gott Blut nicht mit Blut vergilt, wie soll es dann dem Menschen zustehen, Rache zu nehmen?«
»Strafe! Nicht Rache!«
»Ist Strafe nicht auch Rache? Und wer sagt dir, ob dieser Mörder durch seine Tat nicht schon genug bestraft ist? Ob er nicht vielmehr selbst ein Opfer ist? Ein Opfer seiner Verstrickungen? Nein, mein Sohn, hab Mitleid mit ihm, denn auch er kommt aus dem Nebel, aus dem wir alle kommen, und nur der Zufall will es, dass nicht auch wir schon längst zu Mördern wurden. Und nun lass uns gehen, meine Gäste verlangen nach mir, und nur mehr kurz ist die Zeit, die mir noch bleibt, mich ihnen zu widmen.«

7

Als Almustafa am Arm seines Jüngers durch den Garten zurück zur Veranda schritt, umringten ihn die Menschen und baten ihn, sich zu ihnen zu setzen. Sie rückten Kissen zurecht, auf denen er sich niederließ. Und so wurde der ganze Garten zu einem großen Forum.

»Almustafa, Liebling Gottes, der du unseren Herzen die Farbenvielfalt des Regenbogens lehrst, lehre uns, mit den Geheimnissen des Lebens umzugehen. Lehre uns das Geheimnis des Lebens überhaupt.« sprach ein älterer, vom Leben gezeichneter Mann, während zu seinen Füßen ein Kind mit den Falten seines Umhangs spielte. »Sieh mich an,« fuhr der Greis fort, während er mit seinen welken Händen das Kind liebkoste, »ich bin alt, wie du, und werde bald meine Augen für immer vor dieser Welt verschließen, genau wie du, aber immer noch quält mich der Gedanke, dass ich so viele Geheimnisse des Lebens noch nicht zu enträtseln vermochte. Geheimnisse, wie dieses Kind eines ist, das du hier zu meinen Füßen spielen siehst.«

»Bruder,« wandte sich Almustafa lächelnd an den Greis, »wer sagt dir, dass ich alle Geheimnisse des Lebens kenne und entschlüsselt habe? Du hast recht, wir sind beide alt und werden diese Welt in Kürze verlassen. In unseren langen Leben waren wir imstande, den Schleier von einigen Geheimnissen zu entfernen, von anderen wiederum nicht. Welche Rolle spielt dies auch angesichts der größten aller Geheimnisse, jenes des Lebens und jenes der Existenz Gottes überhaupt? Erreichen wir bei der Durchdringung von Geheimnissen nicht schon bald einen Punkt, wo wir vor verschlossenen Türen stehen? Was sollen wir uns quälen und an diesen Türen unsere Köpfe einrennen? Lasst uns vielmehr Platz machen für das Staunen angesichts der Farbenvielfalt dieses Regenbogens! Lasst uns selber Regenbogen sein und uns an unserer eigenen Farbenvielfalt erfreuen! Sieh uns an, mein Bruder, sind wir nicht zwei Regenbogen, die in Auflösung begriffen sind? Sieh dein Enkelkind an, ist es nicht ein Regenbogen, der sich noch zur vollen Schönheit entfalten wird? Wir leben in einer Welt voller Regenbogen und niemand sieht ihre Schönheit und ihren Zauber, weil alles hastet und rennt. Haltet inne! Bleibt stehen, seht euch um und entdeckt die Regenbogen! Regenbogen kommen und gehen, wie wir Menschen kommen und gehen und wie die Welten kommen und gehen. Mein Bruder, so wie wir beide in Kürze von der Bühne des Lebens Abschied nehmen, so wird eines Tages auch diese Welt einer anderen Platz machen, und diese wiederum einer anderen, so wie sich vor dieser Welt schon Welten an Welten reihten. Jede ein Regenbogen in sich selbst. Doch sieh! Die Truppen des Emirs sind da! Schade um diese Menschen, die nur

den Stahl ihrer Schwerter kennen und kein Auge für den Regenbogen haben.«
Und in der Tat näherte sich ein Reitertross dem Garten. Fahnen wehten. Waffen klirrten. Pferde schnaubten. Der Emir und seine Leibwache stiegen vor dem Eingang zum Garten aus dem Sattel, während sich die Soldaten an den Außenmauern des weitläufigen Geländes verteilten. Die Menschen im Garten erhoben sich und drängten sich ängstlich und ehrerbietig zusammen, als der Emir und seine Leibwache durch den Garten auf Almustafa zuschritten.
»Willkommen in meinem Hause, Emir!« begrüßte Almustafa den Landesherrn und führte ihn zur Veranda, wo sie sich niedersetzten und sich gegenseitig mit den Augen maßen.
»Die Priester und Ältesten der Stadt sind zu mir gekommen und haben mir gesagt, dass ich dich hier antreffen würde. Sie haben mir auch gesagt, dass das Feuer deines Lebens am Erlöschen ist und die Kühnheit deiner Rede zunimmt. Und so bin ich zu dir gekommen, um mich davon mit eigenen Augen und Ohren zu überzeugen, zumal du es stets von dir gewiesen hast, an meinem Hofe zu erscheinen, wie oft ich dich auch dazu aufgefordert

habe.« sprach der Emir, nach den Früchten greifend, die ihm Osama in einer Schale darreichte.
»So wie du die Edelsteine an deinem Turban und an deinen Händen zur Schau stellst, so wolltest du mich durch mein Erscheinen an deinem Hofe zur Schau stellen.« entgegnete Almustafa lächelnd. »Nicht mehr als ein seltenes Schmuckstück sollte ich sein. Oder ein seltenes Tier. Begafft von deinen Höflingen, die dir Beifall klatschen. Und gleichzeitig sollte der Fluss meiner Rede eingedämmt werden. Denn wie könnte ich die Übelstände an deinem Hofe und in deinem Reiche geißeln, wenn ich im selben Hofe ein- und ausginge und die Wertschätzung des Emirs genösse?«
»Deine Worte sind wie Dolche, die mich treffen sollen. Früher einmal gab es eine Zeit, da sie mich auch zu treffen vermochten und zuweilen auch verletzten. Doch jetzt nicht mehr. Deine Zeit ist vorbei. Der Stahl ist stumpf geworden. Wie gesagt, das Feuer in deinen Augen ist am Erlöschen.«
»Du hast recht, Emir, meine Zeit ist um. Mich brauchst du nicht mehr zu fürchten. Zu fürchten brauchst du die Saat, die ich gesät habe. Zehntausende werden sich gegen dich erheben und mit meinem Munde reden. Und ihre Worte werden

neue Dolche sein, die deinen Hochmut oder den deiner Nachkommen zum Ziele haben. Denn woher, Emir, nimmst du dir das Recht, unser Herrscher und Richter zu sein? Welcher Gott hat seinen Atem in dich gehaucht, dass du dich seiner ebenbürtig wähnen darfst? Sieh dich an, Emir! Staub bist du, und zu Staub wirst auch du zurückkehren, wie wir alle in diesem Erdenrund! Nur wird sich über deinem Grabe Marmor wölben. Doch auch dieser Marmor wird eines Tages zu Staub zerfallen und die Erinnerung an dich wird verblassen, weil deine Taten nicht die Herzen der Menschen zu erreichen vermochten. Wahrlich, in den Büchern der Geschichtsschreiber wird dein Name verankert sein. Doch was sind Geschichtsbücher! Bedenke, sie werden auch hin und wieder umgeschrieben. Statt dir einen Platz in der Geschichte deines Landes zu sichern, solltest du besser danach trachten, einen Platz in den Herzen der Menschen zu finden.«
»Mit der Liebe der Menschen im Rücken kann ich kein Reich regieren. Was die Menschen verstehen, ist einzig und allein die Sprache des Schwertes. Mit dem Stahl meiner Waffe in der Hand kann ich den mir anvertrauten Besitz verteidigen und ver-

größern. Unter den Strahlen der Liebe würde er dahin schmelzen wie Eis unter der Sonne.«

»Tausende von dankbaren Händen würden das Schmelzwasser entgegennehmen, in hohlen Händen an ihre dürstenden Lippen führen, und es in ihre Herzen rinnen lassen, welche dir in Liebe und Zuneigung entgegenschlügen. Kein Gott lenkt deine Hand, wenn du weitere Besitztümer zusammenraffst. Wenn du Bauern von ihrem Land vertreibst und Familienväter brotlos machst. Wenn du Teile deines Besitzes jedoch unter den Armen und Bedürftigen verteilst, ist es, als ob Gottes Geist durch deine Adern fließt und aus deinen Augen leuchtet. Denn aller Besitz ist Gottes. Und wir sind einzig und alleine Gottes Sachwalter auf Erden. Alles Gold und alle Edelsteine, die du in deinen Tresoren und Schatzkammern anhäufst, sind nichts als kalte und zu Leblosigkeit erstarrte Opfer deiner Untertanen. Wenn du sie ihnen wieder zugute kommen lässt, bedeuten sie jedoch heißes, pulsierendes Leben in jeder dargestreckten Hand, von denen unser Land übervoll ist.«

»Du rätst mir folglich, meinen Besitz unter die Armen zu verteilen?« lächelte der Emir.

»Ja,« erwiderte Almustafa.

»Was würde mich dann noch von meinen Untertanen unterscheiden?«

»Deine Güte! Ist es nicht erstrebenswerter, alle Menschen Emiren gleich zu wissen als der einzige Emir unter lauter Bettlern zu sein? Ist es nicht erstrebenswerter, mit allen Menschen an einem einzigen großen Tisch zu essen, als allein in der Abgeschiedenheit eines Palastes freudlos gebackenes Brot zu essen? Ist es nicht erstrebenswerter, Tausende lachender Augen zu sehen als das Wehgeschrei hungernder Kinder und sorgenvoller Mütter zu hören? Ist es nicht erstrebenswerter, einen Schutzschild von Menschen um sich zu wissen, deren Herzen dir entgegenfliegen, als eine Leibwache, die bestechlich ist? Wie arm bist du doch, dass du einen Palast brauchst, um deine Größe zu zeigen! Wie unendlich reicher sind wir, die wir die Natur zur Wohnung haben! Oder hast du in deinem Palast schon Vögel zwitschern hören? Oder einen Regenbogen gesehen? Was du in deinem Palast hörst, ist das Heucheln deiner Höflinge, und was sich dort von einem Ende zum andern spannt, sind die Intrigen deiner Würdenträger!«

»Almustafa, mein Freund, du lebst in einer Welt, die nicht die meinige ist!« lächelte der Emir missfallend. »Du hattest Recht, als du sagtest, du würdest in meiner Welt bloß ein seltenes Schmuckstück sein. Oder ein noch selteneres Tier. Deine Gedanken und Visionen von einer besseren Welt sind Trugbilder. Trugbilder eines sterbenden Greises. Du bist ein Leben lang den falschen Idealen nachgerannt. Doch diese Welt ist anders. Es ist eine Welt des Schwertes. Eine Welt des Stärkeren. Eine Welt der Herrscher und Besitzenden. Nicht du bist der Auserwählte. Wir sind die Auserwählten. Auserwählt, zu herrschen und zu besitzen. Und kein Gott kann uns dieses Recht streitig machen!«

»Es wird eine Zeit kommen, Emir, wo dich dein Hochmut in die Knie zwingen wird. Und sei es auch erst dann, wenn du in deinen letzten Zügen liegst. Wenn das Feuer in deinen Augen am Erlöschen ist. Wenn du allein bist, von allen verlassen, weil sie bereits damit beschäftigt sind, sich um dein Erbe zu streiten. Und in diesem Augenblick, den ich dir nicht gönnen will, wirst du erkennen, dass du es bist, der ein Leben lang Trugbildern nachgejagt ist.«

»Wir werden sehen, Almustafa, mein Freund! Doch jetzt muss ich gehen. Die Arbeit ruft. Und der Tod ist noch fern. Noch lebe ich!«

Er erhob sich von den Kissen und verabschiedete sich.

»Bemühe dich nicht, mein Freund. Ich finde den Weg aus deinem Garten. Dein Sinnen ist nun der Tod. Meines das Leben. Ich werde Samir hier lassen. Er wird mir deinen Tod als erster melden.«

»Ich werde ihn nicht allzu lange damit warten lassen,« entgegnete Almustafa lächelnd und ließ es sich nicht nehmen, seinen Gast bis an den Ausgang des Gartens zu geleiten. Und ein Leuchten glitt über seine Augen, als er sah, wie der Emir zögerte, sich in den Sattel seines Pferdes zu schwingen, weil er eines bettelnden Mädchens ansichtig wurde, das ihm mit bangen Augen die offene Hand hinstreckte. Der Emir blickte einen Augenblick nachdenklich vom Kinde zu Almustafa, löste eine juwelenbesetzte Schnalle von seinem goldbestickten Mantel und legte sie in die Hand des Mädchens. Mit einem flüchtigen Lächeln auf den Lippen schwang er sich in den Sattel seines Pferdes und ritt, umgeben von seiner Leibwache und seinen Soldaten, seinem Palaste zu, um in den Armen einer Kurtisane Samirs Nachricht vom Tode des Propheten abzuwarten.

8

Nachdem der Emir mit seinem Reitertross zwischen den Hügeln verschwunden war, schritt Almustafa am Arm seines Jüngers zurück in den Garten zu seinen Gästen und ließ sich wieder auf den Kissen nieder, die nach wie vor für ihn bereitlagen. Denn der Abend und die Nacht waren noch lang. Die jüngeren Kinder schliefen bereits. Die etwas älteren hatten aufgehört, im Garten herumzutoben und saßen müde und schläfrig bei ihren Eltern. Die Erwachsenen

selbst waren ungewohnt ruhig und in sich gekehrt.
»Ihr seid so ruhig,« sagte Almustafa, den Grund dafür mit den Schwingungen seines Herzens erahnend.
»Wir sind traurig, Erwählter und Geliebter Gottes, weil uns bewusst wurde, dass du nicht mehr lange unter uns weilen wirst. Das Leben erscheint uns öde ohne die Liebe deines Herzens. Wir fühlen uns wie Kinder, denen der Vater genommen wird,« sprach ein Mann aus der Runde. »Zu wem sollen wir gehen, wenn du nicht mehr bei uns bist? An wen sollen wir uns mit unseren Fragen wenden? Wer wird uns zuhören?«
»Meine Freunde, wir wollen versuchen, noch einige Fragen zu beantworten, bevor sich meine Seele mit dem ersten Schimmer der Morgenröte verbindet und mein Mund euer dürstendes Ohr nicht mehr zu erreichen vermag. Sprecht aus, was euch bedrückt!« ermunterte Almustafa seine Zuhörer, »Noch fließt Leben durch meine Adern. Ich kann euch hören und antworten.«
»Almustafa, Geliebter Allahs, höre mich an! Ich bin Steuereintreiber im Dienste des Emirs, doch fällt es mir von Tag zu Tag schwerer, meinen Beruf auszuüben. Ich werde in die Hütten der Armen

geschickt, um ihnen das Letzte zu nehmen, das sie noch ihr eigen nennen. Werde ich aber in die Häuser der Reichen gesandt, schlägt mir Spott und Hohn entgegen, und sie entrichten nur einen Bruchteil dessen, was ihre Steuerschuld beträgt. Gibt es denn keine Gerechtigkeit, die für Arme und Reiche gleichermaßen gilt? Ich habe lange darüber nachgedacht, und bin zum Schluss gekommen, dass das Geld die Wurzel allen Übels ist. Gibt es wirklich keinen Weg, ohne Geld auszukommen?«

»Nicht das Geld ist die Wurzel allen Übels, mein Freund, sondern unsere Einstellung diesem Geld gegenüber. Wir sollten einen spielerischen Umgang damit entwickeln, wie Kinder, die mit Münzen spielen und deren Wert doch nicht erfassen. Was das Geld anbelangt, so sollten wir das ganze Leben lang wie Kinder sein. Lasst mich euch eine Geschichte erzählen!«

Und wie immer, wenn unter Arabiens Himmel das Wort »Geschichte«, »Fabel« oder »Märchen« fällt, rücken die Menschen näher zusammen und lauschen erwartungsvoll und gespannt, und selbst die schläfrigsten Kinderaugen erfüllen ein geheimnisvolles Glitzern und Funkeln.

»Es war einmal ein Land, das von nur wenigen

Menschen bewohnt war. Aber nur einem gehörten alle Schätze des Landes. Niemand konnte sie ihm streitig machen. Eines Tages klopfte es an der Pforte des Palastes dieses Herren. Er öffnete und sah zu seinem Erstaunen einen Menschen vor sich, der um Nahrung bettelte.
›Verfügst du über Geld?‹ fragte der Reiche.
›Nein,‹ antwortete der Bettler.
Der Reiche schloss die Tür und ließ den Armen vor den Toren seines Palastes verhungern.«
»Was willst du uns damit sagen?« fragte der Steuereintreiber. »Was du uns da schilderst, ist keine Geschichte, sondern es ist die traurige Wirklichkeit!«
»Was ich euch damit sagen will, ist dies: wir alle werden in eine Welt hineingeboren, in der aller Reichtum bereits verteilt ist. Manchmal gelingt es einigen wenigen von uns aufgrund von Begabung, erworbenem Wissen, harter Arbeit, Spekulation, Gewalt oder ganz einfach Glück, eine Umverteilung des Reichtums zu erwirken. Bei den meisten Menschen in unserem Lande geht es jedoch einzig und allein ums überleben.«
»Du sagst uns nichts Neues,« entgegnete der Steuereintreiber bitter. »Was du erzählst, erleben wir

tagtäglich an unserem eigenen Körper und überall, wohin wir auch schauen.«

»Hört mich an! Die Geschichte ist noch nicht zu Ende: Auf diese Weise sind einige Jahre vergangen, in denen ab und zu ein Bettler an die Pforte des Palastes klopfte, und sich jedes Mal das traurige Spiel von Frage und Antwort wiederholte. Der eine fragte: Verfügst du über Geld? Der andere verneinte, die Pforte wurde zugeschlagen, und der Bettler erlag dem Hungertod. Und eines Tages als sich wieder ein Bedürftiger der Pforte näherte, fragte sich der Schlossherr, welchen Nutzen er von seiner Hartherzigkeit habe und fand keine Antwort. So erbarmte er sich des Bettlers und schickte ihn geradewegs in die Küche, wo er sich stärken konnte. Nachdem der Reiche den Bettler auf diese Weise vor dem Hungertode bewahrt hatte und dieser wieder zu Kräften gekommen war, ließ er ihn gegen ein Entgelt für sich arbeiten. Das Geld reichte gerade aus, um die lebensnotwendigen Dinge zu kaufen und ab und zu eine Münze auf die Seite zu legen. Doch waren beide, der Arme wie der Reiche, auf diese Weise mit ihrem Leben zufrieden.«

»Du sprichst in Rätseln«, murrte der Steuereintreiber.

»Das ganze Leben besteht aus vielen Rätseln, mein Freund!« entgegnete Almustafa lächelnd. »Was will ich euch mit dieser Geschichte sagen? Ich will euch daran erinnern, dass es nicht am Gelde liegt, um glücklich zu sein. Selbstverständlich braucht es soviel, um nicht an Hunger sterben zu müssen. Doch das Glück lässt sich schon mit wenig verwirklichen. Der Sinn des Lebens liegt nicht darin, nach Reichtümern zu trachten und sie anzuhäufen. Der Sinn des Lebens liegt vielmehr darin, dieses sonderbare Leben zu genießen und auf diese Weise zufrieden und glücklich zu sein. Was ist das Leben? fragt ihr euch. Das Leben ist viel mehr als eine grausame Laune der Natur, wenn wir verstehen, mit ihm umzugehen. Und wir alle, die wir auf das Rad dieses Lebens gebunden sind, müssen einander beistehen. Wut und Verzweiflung helfen da nicht weiter. Auch nicht Mutlosigkeit und Ergebenheit. Aber auch Rebellion und Auflehnung müssen bedacht sein und ihre Stunde abwarten und erkennen. Wir müssen einen Zustand erreichen, der es uns erlaubt, das Leben so hinzunehmen, wie es sich uns zeigt. Wir müssen wachen Auges sein und uns umblicken und den anderen wahrnehmen und in ihm den Bruder oder die Schwester erkennen. Und jene Menschen, denen das Leben mehr Talente und Fähigkeiten in die Wiege gelegt hat, sind für all jene verantwortlich, die vom Schöpflöffel des Lebens benachteiligt worden sind. Die Reichen in diesem Lande sind aufgerufen, sich ihrer Verantwortung bewusst zu sein. Im Laufe der Geschichte haben wir schon viele Revolutionen erlebt. Revolutionen, die von der Straße ausgingen. Von den Armen und Benachteiligten. Außer Blutvergießen haben diese Revolutionen nur selten etwas bewirkt. Was wir brauchen, ist wieder eine Revolution. Eine Revolution, die darauf zielt, in den Köpfen der Reichen ein Umdenken hervorzurufen. Eine Revolution, die danach trachtet, das Leben gemeinsam zu meistern. Gemeinsam glücklich zu sein. Und dabei kann die Rolle des Geldes sehr wohl die Triebfeder sein. Das Mittel zum Zweck. Wer über mehr Talente und Fähigkeiten verfügt, durch dessen Hände darf auch mehr Geld fließen. Aber es soll dort nicht gehortet werden. Denn totes Geld trägt keine Früchte. Es muß immer wieder dem Kreislauf des Lebens zugeführt werden. Meine Freunde, spielt dieses Spiel! Spielt den Kreislauf des Lebens! Spielt um des Lebens willen! Und wenn ihr dies zustandebringt, dann habt ihr den Sinn des Lebens erfasst und seid frei von der drückenden Last des Lebens. Denn im Spiel erlebt ihr die Freiheit. Und in dieser Freiheit seid ihr Gott am nächsten. Denn Gott ist die Freiheit!«

9

Wie kann Gott die Freiheit sein, wenn wir in Knechtschaft leben?« wandte ein anderer Greis bitter ein, dessen Augenlicht schon längst erloschen war.

»Das Leben ist Knechtschaft, mein Freund und Bruder! Deine Knechtschaft ist dein erloschenes Augenlicht. Doch bist du dadurch nicht auch frei? Frei von den Einflüssen und Täuschungen deines Auges? Sind deine andern Sinne dadurch nicht schärfer und klarer? Fühlst du nicht inniger? Jeder von uns lebt in irgendeiner Art von Knechtschaft. Wenn es nicht eine Krankheit ist, dann ist es ein tyrannischer Vater, eine neidische Nachbarin, ein geiziger Ehemann, dann sind es Vorgesetzte, Richter, Landesherren, die Stimme des Blutes oder die Fesseln der Religion. Die Knechtschaft hat viele Gesichter. Wir sollten immer bestrebt sein, uns von jeder Knechtschaft frei zu machen. Nur dann können wir unsere Talente und Fähigkeiten entfalten und uns unseres Lebens freuen. Knechtschaft ist keine Erfindung Gottes, sondern eine Erfindung der Menschen. Es ist töricht zu glauben, Menschen durch Knechtschaft und Unterdrückung gefügig zu machen und an sich zu binden. Der Ruf der Freiheit setzt sich früher oder später immer durch und gipfelt im Tod, in der endgültigen Freiheit in Gott.«

Ein hagerer, von Arbeit und Wetter gezeichneter Mann mittleren Alters trat in den Lichtschein, der den sterbenden Propheten umgab. Auf ein Lächeln und einen einladenden Wink Almustafas hin setzte sich der Mann zu seinen Füßen nieder.

»Was quält dich, mein Bruder?« ermunterte ihn Almustafa.

»Erwählter und Geliebter Gottes, ich bin ein einfacher Bauer und habe Mühe, deine Worte von Gott zu verstehen. Du redest in Rätseln. Du redest in Bildern, die nur Gelehrte und Weise verstehen.«

»Du irrst, mein Freund! Selbst die Gelehrten und Weisen verstehen meine Worte nicht. Wo sind sie? Zeige sie mir! Wenn meine Worte sie erreichen würden, dann wären sie hier. Doch sie meiden diesen Ort. Sie verschanzen sich in ihren Bibliotheken und hinter ihren gelehrten Schriften. Ihr jedoch seid hier. Ihr seid zu mir gekommen und begleitet mich über die Brücke des Todes, weil meine Worte euer Herz berühren, auch wenn euer Verstand Mühe hat, meine Bilder zu enträtseln. Ihr tut recht so! Lasst eure Herzen für euch denken und handeln! Eure Herzen sind der Nährboden, der das Samenkorn umschließt und keimen lässt, bis die Schößlinge euren Verstand erreichen und euch die Erkenntnis bringen, die ihr so lange gesucht habt. Lasst meine Worte wie Samenkörner in eure Herzen sinken und Früchte tragen. Und ihr, die ihr hier bei mir sitzt, werdet gelehrter und weiser sein als unsere Gelehrten und Weisen, die zwar viel wissen und doch nichts verstehen. Denn alle großen Ideen haben ihren Ursprung immer und einzig im Herzen!

Du hast gesagt, du seist Bauer. Du bist nicht nur

Bauer! Du bist auch ein Teil Gottes! Ein Sohn Gottes, wenn du so willst. Erschrick nicht! Gott zeigt sich in dir, wie er sich in allen Menschen zeigt. Gott ist in uns allen, aber nicht nur dort. Wenn du mit deinem Pflug den Acker für die Aussaat vorbereitest, lenkt Gott deine Hand. Wenn die Sonne dir Schweißtropfen auf die Stirne treibt, dann zeigt sich Gott in der Sonne, ihren sengenden Strahlen und in den Wasserperlen, die von deiner Stirn in die Ackerscholle tropfen. Es gibt keine Stelle auf dieser Welt, die nicht Gottes Antlitz trägt. Keine Ritze, in die nicht Gottes Atem dringt. Du findest Gott in der Ausdauer deines Pferdes, im Knarren der Lederriemen, die den Pflug mit dem Pferd verbinden, in den vorwitzigen Vögeln, die sich um deine Aussaat streiten. Du findest Gott in den rissigen Trieben deiner Rebstöcke, in den reifenden Früchten, im Korn, das du zum Müller trägst. Gott ist überall, wohin du auch gehst, was du auch siehst, was du hörst und fühlst. Warum zweifelst du so? Suche Gott nicht als etwas Unerklärliches zu verstehen. Suche ihn in der Einfachheit. Suche ihn im Lachen deiner Kinder, im Gackern deiner Hühner und im Bellen deines Hundes. Gott hat viele Gesichter. Er zeigt sich in allen Farben und Formen.

Du trinkst ihn in der Form von Wasser und Wein und du isst ihn als Brot und Fleisch. Du findest ihn in deiner Freude und in deinem Schmerz. Du begegnest ihm in der Liebe deiner Gattin. Versuche Gott nicht mit deinem Verstand zu erfassen, sondern mit deinem Herzen!«

10

Nach diesen Ausführungen fühlte sich Almustafa erschöpft. Über die Menschen in seinem Garten breitete sich nachdenkliches Schweigen. Sie fühlten, dass die Stunde der Trennung gekommen war. Der Prophet erhob sich von den Kissen und schritt, gestützt von Osama und seinem Jünger, von einer Menschengruppe zur nächsten, um Abschied zu nehmen. Karima und Samir folgten ihm. Almustafa drückte zahllose Hände, segnete Kinder und Alte, ermunterte

und umarmte und tröstete weinende Frauen und Männer.
Nachdem er von allen Abschied genommen hatte, suchte er müden Schrittes eine Anhöhe auf und setzte sich mit leicht zitternden Gliedern nieder. Sein Blick war unverwandt über das Meer gerichtet, dorthin, wo er den Gruß der Morgensonne erwartete.
Als sich der Himmel rötlich zu verfärben begann und am Horizont, dort wo Wasser und Luft sich berührten, die Stirn der Morgensonne zu erkennen war, leuchtete das Auge des Propheten auf und ein Lächeln umspielte seine Lippen.
Sein Jünger stützte ihn. Almustafa griff nach der Hand von Karima und Osama, in deren Augen Tränen der Rührung und des Schmerzes traten. Samir stand, wie aus Stein gemeißelt, in der Nähe.
Als sich die Sonne weiter aus dem Wasser hob und einen goldenen Ring aus Feuer bildete, spannte sich Almustafas Körper und seine Stimme erklang klar und kräftig:
»Mutter Sonne, ich grüße dich, die du mir den Weg über die Brücke des Todes zeigst! Goldener Ring, nimm mich auf!«
»Meister, woran denkst du in diesem Augenblick,

da dein Fuß die Schwellen der Brücke betritt?« fragte ihn sein Jünger.
Die Stimme des Propheten kam nur mehr flüsternd, wie aus einem fernen Land:

»Ich sehe Familien in Zerrüttung, Gemeinwesen in Auflösung und ein Land, dessen Grenzen ausgefranst und durchlöchert sind.
Ich träume von einem Land, um das sich schützend der Goldene Ring legt. Ich träume von Familien, die der Goldene Ring umschließt.

Ich sehe ein Land, in dem kurzsichtige Abenteurer als Helden verehrt und umjubelt werden und die Weisen noch in der Wiege liegen, unfähig, den Lauf der Zeit zu ändern.
Ich träume von einem Land, in dem der Weitblick der Weisen geachtet und ihr Rat befolgt wird.

Ich sehe ein Land, in dem die Verfassung mit Füßen getreten wird und ein Schwur weniger gilt als ein Windhauch.
Ich träume von einem Land, in dem die Verfassung noch heilig ist und ein Schwur den Atem Gottes in sich trägt.

Ich sehe ein Land, in dem das Volk von Regierung und Verwaltung hintergangen wird.
Ich träume von einem Land, in dem Regierung und Verwaltung die Diener des Volkes sind.

Ich sehe ein Land, in dem die Freiheit des Volkes fragwürdigen Interessen geopfert wird.
Ich träume von einem Land, dessen Volk in Frieden und Freiheit sein Geschick selbst bestimmen kann.

Ich sehe ein Land, in dem die Falschen fordern und jammern, und die Reichen sich aus der Verantwortung stehlen.
Ich träume von einem Land, in dem die Stärkeren den Schwächeren zur Seite stehen.

Ich sehe ein Land, in dem die Menschen nicht zu sagen wagen, was sie denken und fühlen, weil sie Angst haben.
Ich träume von einem Land, in dem die Menschen stolzen Hauptes alles frei äußern können.

Was ist das für ein Land?
Ich mache mich auf, meinen Traum zu suchen.«

11

Von welchem Land sprichst du, Meister?« fragte sein Jünger, doch der Körper des Propheten erschlaffte bereits in seinen stützenden Armen. Karima schloss die erloschenen Augen. Osama weinte. Auf ein Nicken Karimas entfernte sich Samir, schritt zwischen den Menschen hindurch zum Ausgang des Gartens, bestieg sein Pferd und ritt zum Palast des Emirs, während er das erste Mal in seinem Leben spürte, dass etwas Wertvolles verlorengegangen sei.